Ihr Magie Spiegel des alten Japan

Silvanus P. Thompson

Writat

Diese Ausgabe erschien im Jahr 2023

ISBN: 9789358810349

Herausgegeben von
Writat
E-Mail: info@writat.com

Inhalt

Ihr magischer Spiegel des
alten Japans.

Im alten Japan nimmt der Spiegel einen besonders wichtigen Platz ein. Reisende in diesem Land der seltsamen Künste und urigen Bräuche erzählen uns von der Spiegelanbetung als einer seiner Formen primitiver Religion. Im alten Japan ist der Spiegel nicht wie in unserer westlichen Zivilisation ein bloßes Möbelstück, ein Accessoire der Toilette oder ein Mittel, um die ansonsten schmucklose Wandbreite über einem Kaminsims zu verdecken. Man findet den Spiegel in Japan überall umgeben von Prunk und Prunk. Es gehört zu den symbolischen Gegenständen, die die kaiserlichen Insignien des Shoguns darstellen. Man sieht es auf japanischen Bildern der höllischen Regionen dargestellt. In den Tempeln der alten Shinto-Religion werden kostbare alte Spiegel in kostbaren Archen aufbewahrt, nur um anlässlich einer großen Zeremonie ausgestellt zu werden. An den Wänden der Shinto-Tempel hängen unzählige Spiegel, von denen einige altmodisch, aber größtenteils modern hergestellt sind. Dort wurden sie als Votivgaben von Frauen deponiert, die vielleicht nichts so Kostbares anzubieten hatten. So wie der japanische Krieger dem Tempel sein geschätztes Schwert als Votivgeschenk darbringt, so schenkt die japanische Dame ihren wertvollen Spiegel. Dort hängen sie zu Tausenden, Schwerter und Spiegel, nebeneinander, als Dankopfer an die Götter. Im spärlichen Mobiliar der japanischen *Ménage* bildet der Spiegel, der an seinem Platz auf dem Toilettentisch der Dame ruht, den einzigen bedeutsamen Gegenstand; das zentrale Merkmal, dem der gesamte Rest untergeordnet ist. Der Spiegel geht in die Mythen der japanischen Rasse ein: Er ist das Symbol des Lichts oder der Sonne und des göttlichen Rechts der Dynastie. In der Aussteuer der Braut ist der Spiegel der wertvollste Gegenstand – ihr wertvollster Besitz. Der zuerst hergestellte Spiegel – oder derjenige, der in der Wertschätzung der Japaner als solcher galt und dementsprechend verehrt wurde – ist im großen heiligen Doppelpalast von Isé aufbewahrt, dem heiligen Ort, zu dem fromme Pilger mit hingebungsvollem Eifer ihre Schritte richten. Sein Ursprung geht auf den berühmten Mythos der Sonnengöttin Amaterasu ohomi-kami zurück, die sich einmal beleidigt in eine Felshöhle zurückzog und die Welt in Dunkelheit zurückließ. Von diesem Rückzugsort wurde sie von den anderen Göttern gelockt, nachdem sie viele seltsame Kunstgriffe ausprobiert hatten, indem sie erfolgreich einen Spiegel anfertigten, in dem sich ihr Gesicht spiegelte und sie von Eifersucht und Neugier dazu getrieben wurde, sich hinauszuwagen. Dieser Spiegel wurde vom Vulkanier des Shinto-Olymps angefertigt, um die Sonne nachzuahmen, da er die Form einer Scheibe mit acht Strahlen hat. In der modernen japanischen Heraldik ist die Sonne, wie sie auf der Nationalflagge abgebildet ist, eine rote Kugel mit sechzehn roten Strahlen, die nicht wie in der europäischen Heraldik spitz zulaufend ist, sondern sich bis zum Rand der Flagge ausdehnt. Einige meinen, dass das japanische Kaiserwappen, das *Kiku*, das einer Blume mit sechzehn Blütenblättern ähnelt, die an den äußeren Enden verbunden und abgerundet sind und aus einer kleinen zentralen Scheibe hervorgehen, auch ein Wappen der Sonne ist; andere halten es für eine Darstellung der Chrysantheme. In japanischen Bildern des Sonnengöttin-Mythos wird der Spiegel immer in der Acht-Punkt-Form dargestellt. Die Überlieferung besagt, dass der noch immer sichtbare Fehler in seiner Oberfläche durch einen Schlag verursacht wurde, den die Götter erlitten hatten, als die Götter ihn in die halb geöffnete Tür der felsigen Höhle stießen, während die Sonnengöttin herauslugte. Die Standardversion des gesamten Mythos findet sich in einer Abhandlung über die Shinto-Tempel von Isé von Herrn Ernest Satow im zweiten Band der „Transaktionen der Asiatischen Gesellschaft Japans" (1873-74). Im British Museum befindet sich in Dr. Andersons Sammlung japanischer Zeichnungen Nr. 1905 eine farbig bemalte Seidenrolle, die die Szene außerhalb der Höhle darstellt. Es ist ohne Signatur oder Siegel und der Künstler ist unbekannt. Ein weiterer Mythos erzählt die weitere Geschichte des Spiegels. Es wurde von der Sonnengöttin ihrem Enkel Nini-gi no mikoto übergeben, als dieser vom Himmel herabstieg, um die Erde zu unterwerfen, zusammen mit dem heiligen Schwert und dem heiligen Siegelstein (den drei heiligen Schätzen der japanischen Insignien). Worte: „Betrachten Sie diesen Spiegel als meinen Geist: Bewahren Sie ihn im selben Haus und auf derselben Etage wie Sie selbst auf und beten Sie ihn an, als würden Sie meine tatsächliche Gegenwart anbeten." Nini-gi no mikoto gründete das japanische Reich und wird als erster Shogun verehrt, da alle nachfolgenden Herrscher göttliche Rechte durch ihre Abstammung von ihm beanspruchten. Alle Spiegel in Shinto-Tempeln, ob sichtbar oder in Schreinen oder Archen verborgen, sind Nachahmungen dieses Spiegels, obwohl einige als repräsentativ für andere sekundäre Gottheiten angesehen werden. In Isé, wo der erste Spiegel aufbewahrt wird, ist jeder Spiegel in einer auf einem Ständer stehenden Box eingeschlossen und mit einem Seidentuch bedeckt. Der Spiegel selbst ist in einen Brokatbeutel eingewickelt, der nie geöffnet oder erneuert wird, sondern, wenn er fast abgenutzt ist, in einem neuen Beutel eingeschlossen wird. Über den zahlreichen Umhüllungen befindet sich ein Käfig aus Holz mit Goldornamenten, drapiert mit einem Vorhang aus grober Seide. Wenn auf Festen die Schreine geöffnet werden, sieht man nur die Kisten mit den Decken darüber.

Der Spiegel des alten Japan ist jedoch ein ganz anderer Gegenstand als der, den man im modernen Europa als Spiegel kennt. Europäische Spiegel bestehen bekanntlich aus rückseitig versilbertem Glas. Japanische Spiegel bestehen ausnahmslos aus Metall, wobei die verwendete Bronze eine Verbindung aus Kupfer und Zinn mit Spuren von Antimon oder Blei ist. Die in den Tempeln erhaltenen Spiegel haben nicht alle die achtzackige Form. Einige sind einfach kreisförmig, mit einem dicken Rand dahinter und einem zentralen Knopf, der für eine Aufhängeschnur perforiert ist. Die Vorderseite ist ziemlich flach. Andere sind oval, mit Füßen oder mit perforierten Griffen am oberen Teil zum Aufhängen. In den Häusern sind quadratische Spiegel sehr selten anzutreffen, und diese sind meist klein. Die für den Toilettentisch der Dame sind normalerweise rund, haben einen Durchmesser von 10 bis 12 cm, haben keine Griffe, einen dicken Rand und ein erhabenes Muster auf der Rückseite. Am häufigsten sind die Handspiegel, die normalerweise rund sind, einen Durchmesser von drei bis elf Zoll haben und einen mit Bambus oder Brokat überzogenen Metallgriff haben. Sie sind auf der Vorderseite, die glänzend poliert ist, meist leicht konvex; während die größtenteils unpolierte Rückseite ein feines Reliefmuster aufweist. Oft besteht das erhabene Ornament aus zwei verschiedenen Arten. Es ist in Hochrelief ausgeführt und hell poliert, um sich vom Hintergrund abzuheben. Es ist ein einfaches, kräftiges Symbol, manchmal ein chinesisches Schriftzeichen, das „Glück" oder „langes Leben" bedeutet, manchmal ein Familienwappen, wie z das kaiserliche *Kiri* (oder Blätter und Blüten von Paullonia), oder ein Reif, oder drei gekreuzte Federn, oder der gezackte Gipfel des Fujiyama oder der Umriss eines Vogels. Ornamente der zweiten Art bestehen aus Flachreliefs und bestehen, obwohl oft symbolisch, aus naturalistischen Darstellungen von Bäumen, Blumen, Störchen, Bambus und dergleichen. Am beliebtesten ist eine Gruppe aus Kiefern, Störchen und der Haarschildkröte, allesamt Symbole für Langlebigkeit oder Unsterblichkeit . Manchmal besteht das Ornament ausschließlich aus der einen oder anderen dieser Art; aber häufiger sind beide vorhanden; das unpolierte Flachrelief, das einen künstlerischen Hintergrund für das Wappen bildet, oder die chinesischen Buchstaben, die poliert hervorstechen. Nebenbei sei angemerkt, dass die Japaner zusätzlich zu ihrer eigenen Schrift auch chinesische Schriftzeichen verwenden, so wie wir auch heute noch alte englische schwarze Buchstaben zu dekorativen oder Unterscheidungszwecken verwenden.

Aber das Interessanteste an japanischen Spiegeln – das Einzige, was sie berühmt gemacht und die Aufmerksamkeit von Liebhabern des Kuriosen und Okkulten auf sich gezogen hat – ist ihre angebliche *magische* Eigenschaft. Seit dem Mittelalter gibt es orientalische Geschichten über magische Spiegel , die meisten davon völlig kindisch und absurd. Aber daneben gibt es zuverlässigere Berichte über Spiegel, die in einem Lichtstrahl, der auf ihr Gesicht fällt, das Muster reflektieren können, das sie auf ihrem Rücken tragen. Diese einzigartige Eigenschaft ist kein Mythos, obwohl die wahre Erklärung des Phänomens lange unbekannt war. Beim ersten Anblick ist das Phänomen so verblüffend, dass es fast unglaublich erscheint. Du nimmst den Spiegel in die Hand und betrachtest ihn. Sein Gesicht ist leicht konvex und perfekt poliert, sofern es nicht durch Gebrauch zerkratzt oder angelaufen ist.

Und wenn Sie hineinschauen, sehen Sie nur Ihr eigenes Bild oder die Objekte um Sie herum – keine Andeutung oder Spur des erhabenen Musters auf der Rückseite. Halten Sie nun den Spiegel ins direkte Sonnenlicht oder in den Weg eines starken Lichtstrahls einer künstlichen Quelle, beispielsweise einer elektrischen Lampe. Er reflektiert den Strahl zurück und wirft wie jeder andere Spiegel einen beleuchteten Fleck auf die Wand oder den Boden. Aber wenn Sie diesen leuchtenden Fleck untersuchen, werden Sie sofort bemerken – wenn Ihr Spiegel gut ist –, dass die hervorstechenden Merkmale und manchmal sogar die feinen Details des Musters auf der Rückseite im von der Vorderseite reflektierten Licht reproduziert werden. Einige Dutzend japanischer Spiegel, die meisten davon recht modern, gingen zur optischen Untersuchung durch die Hände des Autors. Einige davon zeigten überhaupt keine magischen Eigenschaften. Andere zeigten die Immobilie sehr gut. Andere wiederum, die zunächst nichts zeigten, konnten durch eine später entdeckte Behandlungsmethode in Zauberspiegel umgewandelt werden.

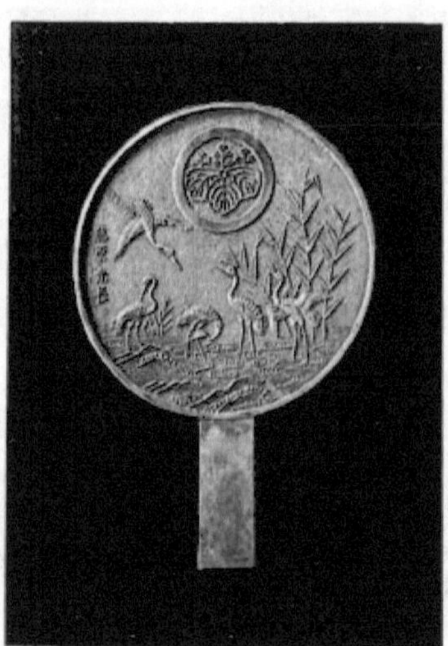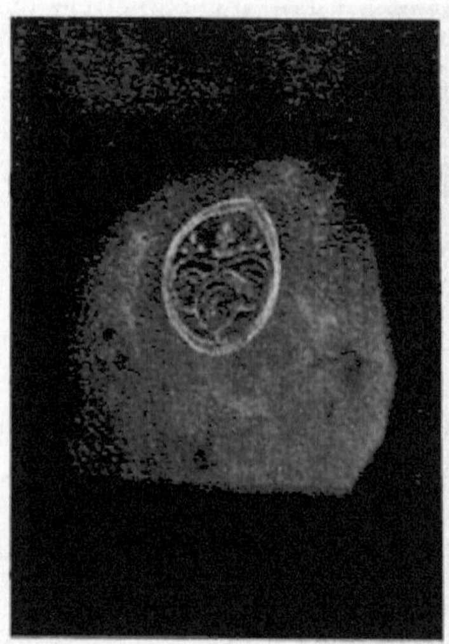

PLATTE II.

Bis etwa 1845 waren diese Spiegel in Europa äußerst selten, obwohl es durchaus möglich ist, dass sie gelegentlich zum Inventar mittelalterlicher Zauberer und Zauberer gehörten. Inmitten der Masse okkulten Mülls kann man hier und da Aussagen erkennen, die sich wahrscheinlich auf die echten Phänomene beziehen, die Spiegel der betreffenden Klasse zeigen, und die wenig oder gar nichts mit den Visionen gemein haben, die in Kristallkugeln, Beryllen oder in Teichen zu sehen sind Tinte. So bezieht sich Gaspard Schott sowohl in seiner „Physica Curiosa" als auch in seinem Buch über Magie auf den Spiegel des Pythagoras, in oder auf den er mit Blut die Dinge geschrieben haben soll, die er bedeuten wollte und die, wenn er umgedreht wurde, mit

Blut geschrieben haben soll dem Mond, auf der Mondscheibe sichtbar, für jemanden, der dahinter steht, die so eingeschriebenen Dinge. Die hier erwähnte „Mondscheibe" könnte einfach der leuchtende Fleck gewesen sein, der vom reflektierten Mondstrahl geworfen wurde.

Wiederum heißt es, dass der italienische Historiker Muratori zwei Hinweise auf magische Spiegel macht, einen davon im Besitz des Bischofs Bartolomeo von Verona, der von Mastino ermordet wurde della Scala im Jahr 1338; das andere wurde im Haus von Cola di Rienzo (oder Rienzi) gefunden und trug auf der Rückseite das Wort „ Fiorone ". Da ich die Aussage nicht anhand der im British Museum verfügbaren Literatur überprüfen konnte, habe ich Zweifel an dem letzten Fall. Es ist viel wahrscheinlicher, dass der Spiegel auf der Rückseite eine große Blume trug, als dass er das Wort „große Blume" trug.

Abgesehen von obskuren Hinweisen wie diesen gibt es keine Aufzeichnungen über echte Zauberspiegel vor 1832. Dennoch existierten zweifellos einige. Einige davon befanden sich in der Sammlung der königlichen Familie von Savoyen in Turin, die später von Professor Govi untersucht wurden . In Berlin gab es eines, das angeblich magisch war. Der große von Humboldt hielt es 1830 für lohnenswert, diesen Spiegel nach Paris zu bringen, um ihn seinen *Mitbrüdern* der *Académie des Sciences zu zeigen* ; aber nachdem er es mitgebracht hatte, war er nicht in der Lage, etwas vorzuweisen. Im Jahr 1842 wurden von Admiral Mouchez (Kommandant der „La Favorite"), M. Arosa und M. Piou mehrere Spiegel aus Nankin mitgebracht . Eines davon befand sich 1847 im Besitz des Marquis La Grange.

Mit der Öffnung Japans für die Handelswelt im Jahr 1867 begann der Export von Spiegeln und anderen Metallarbeiten; darunter einige, die von magischer Qualität waren. Eines davon wurde 1876 in der Leihsammlung wissenschaftlicher Geräte in den westlichen Galerien des South Kensington Museum ausgestellt. Der offizielle Katalog (S. 927) beschreibt es folgendermaßen: „983 c. Magischer Spiegel. [Ausgestellt von] Robert von Tarnow. Dieser Spiegel ist eine Kuriosität und besteht aus einer konkaven Messingscheibe mit fein polierter Oberfläche. Auf der rauen Rückseite sind mehrere erhabene arabische (*sic*) *Schriftzeichen zu sehen*. Indem die polierte Oberfläche den Sonnenstrahlen so ausgesetzt wird, dass sie sie an der Wand reflektieren, werden die arabischen Figuren auf der Rückseite der Scheibe im reflektierten Licht an der Wand deutlich sichtbar." Es war dieser Spiegel, den der Autor im folgenden Jahr im Sinn hatte, als er in „Nature" vorschlug, die seltsame optische Eigenschaft, die er zeigte, zu untersuchen. Glücklicherweise war sein Freund Professor WE Ayrton zu dieser Zeit als Professor am Imperial College of Engineering in Tokio in Japan ansässig , und er und sein Kollege Professor Perry führten sofort eine umfassende

Forschung zu diesem Thema durch, in deren Verlauf sie untersuchten nicht nur einige Hundert Spiegel, sondern machten sich auch vor Ort mit den bis dahin völlig unbekannten oder missverstandenen Herstellungsmethoden vertraut. Ein oder zwei Jahre später, nach der Veröffentlichung der Forschungen von Ayrton und Perry, wurden in Frankreich von M. Bertin weitere Forschungen mit völlig bestätigendem Charakter veröffentlicht . Tatsächlich lassen sich die wissenschaftlichen Untersuchungen scharf in vier Perioden einteilen.

(*i* .) 1832. Grundlegende Vermutungen von Brewster und Prinsep , von denen Ersterer das Phänomen auf einige angebliche molekulare Veränderungen im Metall an der Oberfläche zurückführte, die darauf zurückzuführen waren, dass auf der Vorderseite ein Muster eingeprägt worden war, um das auf der Rückseite zu imitieren, und dann abgeschliffen. Letzterer führte es korrekter auf Unterschiede in der Krümmung der Oberfläche zurück, beging aber auch den Fehler, anzunehmen, dass das Ornament eingeprägt worden sei.

(*ii* .) 1844-1853. Französische Untersuchungen von Arago , Julien, Person und Maillard. Von diesen Forschern schlug Person die wahre Ursache vor, nämlich winzige Krümmungsunterschiede in der polierten Oberfläche, ein Umstand, den er bewies, indem er den Spiegel mit einem Stück Papier bedeckte, das ein kreisförmiges Loch von etwa einem Zentimeter Durchmesser hatte Wenn man ihn (im Sonnenlicht) über den Spiegel bewegt, erzeugt er als reflektiertes Bild einen Lichtfleck, dessen Größe von Punkt zu Punkt des Spiegels variiert. Außerdem lötete er einen schmalen Blechstreifen hinter eine polierte Daguerreotypieplatte und stellte fest, dass bei leichtem Biegen der Daguerreotypie das Bild von vorne an der entsprechenden Stelle eine leuchtende Linie zeigte. Maillard übernahm später Persons Theorie und bestätigte sie, indem er einen Optiker damit beauftragte, ein Metallstück, das auf der Rückseite erhabene Markierungen aufwies, auf der Drehbank zu polieren. Er bemerkte auch, dass ein Kratzer auf der Spiegelrückseite eine helle Linie im Bild ergibt.

(*iii* .) 1864-66. Untersuchungen von Govi in Italien und seine Kontroverse mit Brewster darüber. Govi übernahm offen die Ansichten von Person und bestätigte sie durch ein Experiment, das auf der Methode beruhte, die die Konstrukteure von Spiegelteleskopen zur Prüfung der Genauigkeit der von der Schleifmaschine an Spekula gelieferten Zahl verwendeten. Er ließ einen magischen Spiegel auf einem Bildschirm das Bild eines feinen Liniengitters reflektieren, das mit einem Diamanten auf Glas gezeichnet und nahe an einem strahlenden Lichtpunkt platziert war. Durch die Verzerrungen, die der Spiegel in diesen Linien erzeugte, stellte er fest, dass die gesamte reflektierende Oberfläche geringfügig gewellt war und leichte Krümmungsschwankungen aufwies, die vollständig mit den erhabenen

Arabesken auf der Rückseite übereinstimmten. Er stellte fest, dass diese Wellen nicht auffallen, wenn man in den Spiegel schaut, weil sie so sanft sind und dass wir, um sie wahrzunehmen, Organe benötigen, die empfindlicher sind als unsere eigenen. Anlässlich der Veröffentlichung dieses Berichts und einer Übersetzung davon im „Scientific Review" für 1865 schrieb Sir David Brewster, dass er 1832 erklärt hatte, dass das Phänomen auf Unterschiede in der Dichte oder einer anderen Qualität von Molekülen zurückzuführen sei Struktur oder durch Tricks entstandene feine Kratzer und Zweifel an Govis Erklärung. Er erklärte, dass ähnliche Phänomene dadurch hervorgerufen worden seien, dass man Muster in die Oberfläche von Messing gestanzt und diese so abgeschliffen habe, dass sie bei der Inspektion unsichtbar seien. Er war der Ansicht, dass die einzige Möglichkeit, nachzuweisen, dass sie auf feine Krümmungsunterschiede zurückzuführen sind, darin besteht, entweder nachzuweisen, dass sie verschwinden, wenn der Spiegel mit einem weichen Spekulumwerkzeug wieder an die Oberfläche gebracht wird, oder indem ein exakter Abguss vom Spiegel angefertigt wird um zu sehen, ob dies auch magische Eigenschaften hatte. Damit stellte Govi Brewsters Position in Frage, widerlegte sie sofort und begründete seine eigene, indem er zeigte, dass der Charakter des Bildes, weiße Linien auf stumpfem Grund, durch einfaches Einsetzen vor dem Spiegel in den von matten Linien auf hellerem Grund geändert wird konvexe Linse. Dieser Effekt kann nur durch unterschiedliche Krümmungen der Oberfläche erzeugt werden. Darüber hinaus führte Govi das folgende verblüffende Experiment durch. Er nahm einen japanischen Spiegel, der normalerweise keine magische Wirkung zeigte, und erhitzte ihn hinten mit einer Spirituslampe, woraufhin er sofort magische Eigenschaften erlangte. Er improvisierte weiter mit einem Stück Daguerreotypieplatte und einem Metallring, den er bei möglichst niedriger Temperatur an die Rückseite lötete, einen Spiegel, der die gleichen Effekte zeigte, als durch Erhitzen eine ungleiche Ausdehnung zwischen dem Dünnen und dem Dünnen entstand dicke Teile.

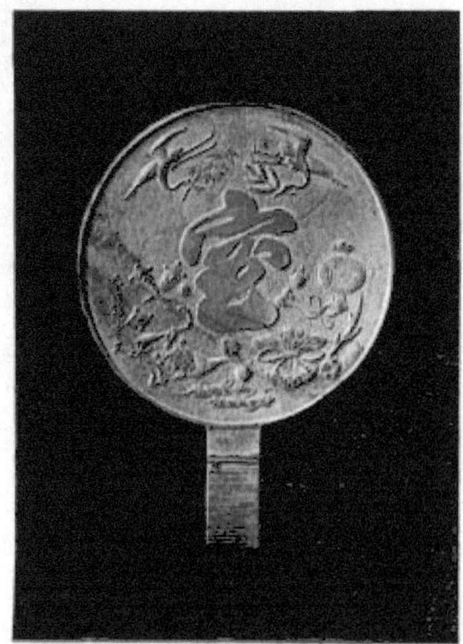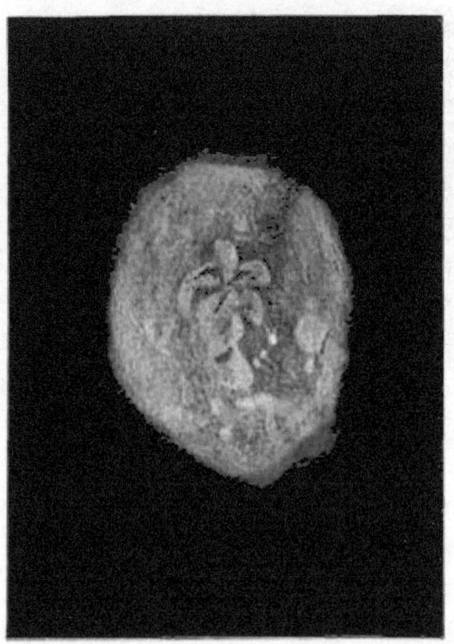

TAFEL III.

(*iv* .) 1878-80. Forschungen von Ayrton und Perry sowie von Bertin , Laurent und Muraoka. Zunächst machten sich Ayrton und Perry daran, Spiegel in Geschäften in Japan zu beschaffen, und stellten fest, dass die Verkäufer in vielen Fällen überhaupt keine Ahnung von der Existenz des magischen Eigentums hatten. Darüber hinaus konnten die Spiegelmacher nicht sagen, wie die Spiegel magisch wurden und auch nicht, welche ihrer Spiegel magisch waren. oder sie gaben Erklärungen ab, die sich später als falsch herausstellten, und behaupteten, der Effekt werde durch das Auftragen einer Säurepaste zum Ätzen der Oberfläche vor dem Polieren erzielt. Nachdem die Forscher einige gute Spiegel beschafft hatten, testeten sie dann die verschiedenen möglichen Hinweise auf den Ursprung, wie zum Beispiel den angeblichen Unterschied in der Dichte oder der molekularen Konstitution, oder die angebliche Einlage des Gesichts mit minderwertigem Metall oder die angebliche Verborgenheit Kratzer auf der Oberfläche oder schließlich zu Krümmungsunterschieden. Durch einfache Experimente, bei denen helles Licht nacheinander in divergierenden, parallelen oder konvergierenden Strahlen auf den Spiegel fiel, konnte zweifelsfrei nachgewiesen werden, dass die letztgenannte Ursache die wahre war. Das ganze Phänomen lässt sich erklären, wenn einmal festgestellt werden könnte, dass die Oberfläche über den dicken Teilen flacher (weniger konvex oder sogar leicht konkav) ist als die Oberfläche über den dünnen Teilen. Sie verwendeten eine große konvexe Linse, um das von einem Spiegel reflektierte Sonnenlicht zu bündeln, und zeigten, dass sie durch bloße Änderung des Abstands des Bildschirms, auf dem das Bild empfangen wurde, das Bild nach Belieben entweder positiv oder negativ machen konnten; ein Ergebnis, das auf keiner anderen Hypothese als der der Unterschiede in der Krümmung der Oberfläche möglich wäre. Nachdem dies festgestellt war, untersuchten sie den Prozess der Spiegelherstellung, um festzustellen, wie diese empfindlichen Ungleichheiten der Oberfläche entstehen. und sie stellten fest, dass es sich um einen Unfall oder Zwischenfall bei der Herstellung handelte. Bei allen fertigen japanischen Spiegeln ist eine leicht konvexe Vorderseite zu erkennen. Sie werden in Formen gegossen , deren Oberfläche bis auf das in die Form für die Rückseite eingeschnittene Ornament recht flach ist. Im Folgenden beschreiben Ayrton und Perry den Gussprozess.

Form verwendete Material ist eine Mischung aus einer speziellen Tonsorte (in der Nähe von Tokio und Osaka zu finden) mit Wasser und Strohasche. Aus dieser Kunststoffmasse wurden mit Hilfe von Holzrahmen zwei geeignete Platten geformt, eine dicke Schicht einer halbflüssigen Mischung aus pulverisierten alten Tiegeln oder einem feinen Pulver namens To-no-ko, hergestellt aus einer weichen Art *Schleifstein* , wird auf ihnen ausgebreitet. Das Design für die Rückseite des Spiegels wird dann direkt auf einer Hälfte der Form ausgeschnitten , oder es wird zunächst eine auf Papier gezeichnete Skizze aufgeklebt und als Vorlage für das Ausschneiden des Designs in den Ton verwendet. Manchmal, aber selten, wird das Design mit einem Reliefmuster aus einem Holzblock in den Ton gestempelt, wie die geplante Rückseite des Spiegels. Nachdem der Entwurf fertiggestellt ist, wird an einer Hälfte der Form ein Rand aus dem gleichen Material wie beim Bau der Form und mit einer Dicke, die der für den Spiegel gewünschten entspricht, angebracht . Die beiden Hälften werden dann im Rauch eines Kiefernfeuers getrocknet, gepresst und zusammengebunden und in einem Winkel von 80° zum Horizont in den Gusskasten gelegt, die Hälfte der Form, auf der das Motiv ausgeschnitten wurde an oberster Stelle stehen. Schließlich wird das geschmolzene Spekulummetall gleichzeitig in mehrere Formen gegossen, die im kalten Zustand zerbrochen und die Gussteile entnommen werden. In einer Form gegossene Spiegel , in die das Motiv von Hand eingeschnitten wurde, werden *Ichi genannt Mai Buki* , „ einmal verwendete Form “, gelten als Künstlerexemplare, da das Design auf der Rückseite gut definiert ist. Um nachfolgende Formen zu formen , werden die beiden Hälften bei nassem Ton auf ein *Ichi gepresst Mai Buki*- Spiegel, und das Muster wird auf diese Weise übertragen, aber die Muster auf der Rückseite der in solchen Formen gegossenen Spiegel sind nicht so klar wie auf einem *Ichi Mai Buki*- Spiegel, der daher zu einem viel höheren Preis verkauft wird." Fehler in der Vorderseite des Gussstücks werden durch das Einsetzen kleiner Kupferkugeln ausgefüllt – was vielleicht den Gedanken aufkommen lässt, dass die Illusionen durch Intarsien erzeugt wurden. Der Griff wird nicht mit der Spiegelscheibe mitgegossen, sondern nachträglich angebracht. Wenn Spiegelgussteile aus der Form genommen werden, sind sie an der Oberfläche ungefähr flach und müssen mehreren Prozessen unterzogen werden, um ihre reflektierenden Oberflächen zu veredeln: Während dieser Prozesse erhalten sie ihre charakteristische Konvexität und ihren Hochglanz. Der Spiegel wird mit der Rückseite auf ein Holzbrett gelegt und dann mit einem abgerundeten, etwa einen Fuß langen Eisenstab, der *Megebo* („Verzerrungsstab") genannt wird, abgekratzt oder zerkratzt. Der Vorgang des Überritzens mit dem stumpfen Werkzeug wird *Mege genannt* . Nachdem es überall mit Kratzern in alle Richtungen versehen wurde, wurde festgestellt, dass es konvex ist. Als nächstes wird das Gesicht mit einem Handschaber abgekratzt, dann mit einem Schleifstein abgerieben und dann mit einem Stück Magnolienkohle überpoliert; und schließlich, wenn es ganz glatt ist, wird das Amalgam aus Zinn und Quecksilber mit einer steifen Strohbürste eingerieben und mit weichem Papier poliert. Dickere Spiegel werden manchmal mit einem Messer auf die konvexe Form zugeschnitten: Sie zeigen selten oder nie magische Eigenschaften. Das Messer wird auch verwendet, um Teile abzuschneiden, die bei der Operation *möglicherweise* zu konvex geworden sind. Die Konvexität wird von Zeit zu Zeit durch Anlegen einer konkaven Holzform geprüft. Professor Ayrton war der Meinung, dass die magischen Eigenschaften beim Kratzen mit dem *Megebo verliehen werden* , da die dickeren Teile des Spiegels weniger nachgeben und daher stärker poliert werden als die dünneren Teile. Er bemerkte auch, dass die gewonnene Konvexität zylindrisch war, wenn das Gesicht vom *Megebo* mit parallelen Linien nur in einer Richtung geritzt wurde. Seine Schlussfolgerung war: „Es scheint also, dass die Magie des östlichen Spiegels keinem subtilen Trick seitens des Herstellers, keiner Einlage anderer Metalle oder der Härtung von Teilen durch Stempeln entspringt, sondern lediglich aus der natürlichen Eigenschaft entsteht, die er besitzt." dünne Bronze, die sich unter Biegebeanspruchung verbiegt, so dass sie auch nach Wegfall der Beanspruchung in die entgegengesetzte Richtung gedehnt bleibt. Und diese Spannung wird teilweise durch den „Verzerrungsstab" und teilweise durch das anschließende Polieren ausgeübt, das auf genau ähnliche Weise dazu führt, dass die dünneren Teile konvexer werden als die dickeren." Man kann sagen, dass die Forschungen von Ayrton und Perry die Hauptursache für die magischen Eigenschaften endgültig geklärt haben. Niemand hat seitdem die Hauptaussagen ihrer Memoiren bestritten, obwohl es sicher ist, dass die Unterschiede in der Krümmung durch verschiedene Arten von Operationen hervorgerufen werden können.

Bertin , der zwei Jahre später schrieb, bestätigte die Schlussfolgerungen und wiederholte auf anderen Spiegeln die Experimente von Ayrton und Perry sowie die von Person und Govi . Als er feststellte, dass die durch Erhitzen erzeugten Verzerrungen die magischen Eigenschaften besonders wirksam hervorheben, versuchte er, sie mechanisch nachzuahmen, und konstruierte mit Hilfe des Optikers Duboscq eine Vorrichtung, um Spiegeln vorübergehende Konvexität zu verleihen, indem er sie an einer Lufthalterung befestigte . enger Rücken, mit einem Hohlraum dahinter, in den Luft durch eine Druckpumpe gepresst werden konnte. Mit diesem Gerät untersuchte er die Effekte, die durch das Bohren von Hohlräumen, das Schneiden von Rillen und das Ätzen von Vertiefungen in die Rückseite von Spiegeln entstehen. Laurent griff diese Vorschläge auf und stellte magische Spiegel aus dünnem Glas her, die auf der Rückseite mit Mustern versehen und auf der Vorderseite versilbert waren. Wenn diese auf einer luftdichten Rückseite montiert sind, können positive oder negative Zahlen angezeigt werden, indem der Luftdruck hinter dem Spiegel mithilfe einer einfachen Gummibirne verringert oder erhöht wird, die mit einem flexiblen Schlauch an einer Öffnung befestigt ist hinten; Der Druck der Hand reicht aus, um die optischen Effekte hervorzuheben. Laurent zeigte weiter, dass man mit einem gewöhnlichen Stück Spiegelglas (auf der Rückseite versilbertes Patentglas) magische Effekte erzeugen konnte, indem man heiße Metallstücke, auf die ein erhabenes Muster eingraviert worden war, leicht gegen die Rückseite drückte. In diesem Fall wurden die Teile des Spiegels, die am nächsten mit dem heißen Metall in Berührung kamen, heißer als die anderen Teile und führten bei stärkerer Ausdehnung zu winzigen Krümmungsunterschieden, die ausreichten, um die reflektierten Lichtstrahlen von den erhitzten Teilen zu konzentrieren.

Ungefähr zur gleichen Zeit machte Mendenhall, der sich damals in Japan aufhielt, weitere Beobachtungen, die der American Association for the Advancement of Science auf ihrer Tagung in Cincinnati mitgeteilt wurden. Auf Mendenhall folgten zwei japanische Beobachter, die beide in Europa in der physikalischen Forschung ausgebildet waren: Goto und Muraoka, wobei letzterer die Hauptthesen bestätigte, dass die Effekte auf Unterschiede in der Konvexität zurückzuführen sind und dass die Konvexität während der Zeit erworben wird Der Vorgang des *Mege* oder Überstreichens mit dem *Megebo* gab einige weitere Einzelheiten bekannt, die er von den Spiegelmachern von Tokio erfahren hatte . Er zeigte, dass jede Platte, sei sie aus Bronze, Messing, Kupfer, Blei, Zink, Eisen oder Glas, wenn sie dünn genug ist, die Eigenschaft der Konvexität erhält, wenn sie mit Kratzern überzogen wird; und er kam zu dem Schluss, dass diese Oberflächenausdehnung auf der geritzten Seite des Metalls auf eine Art Entspannung der molekularen Spannung entlang der so geritzten Linien zurückzuführen ist. Wie Ayrton war er der Ansicht, dass diese Konvexitätsbildung auf der geritzten Oberfläche das Phänomen erklärt, dass ein mit einer Feile oder einem spitzen Werkzeug auf der Rückseite erzeugter Kratzer dazu führt, dass eine entsprechende helle Linie von der Oberfläche reflektiert wird. In einem zweiten Artikel versuchte Muraoka zu beweisen, dass die Krümmungsunterschiede nicht wirklich auf Druckunterschiede beim Ritzen und Auftragen zurückzuführen sind, sondern auf das ungleiche Aufsteigen des Metalls in den dicken und dünnen

Teilen beim Auftragen der Oberfläche wird durch das Überkratzen mit Kratzern zum Ausdehnen gebracht.

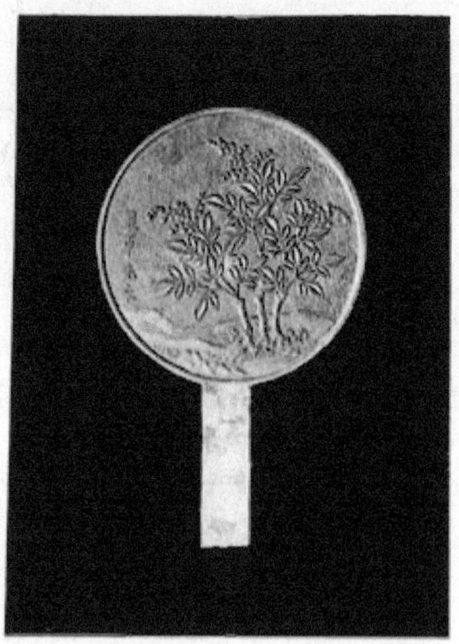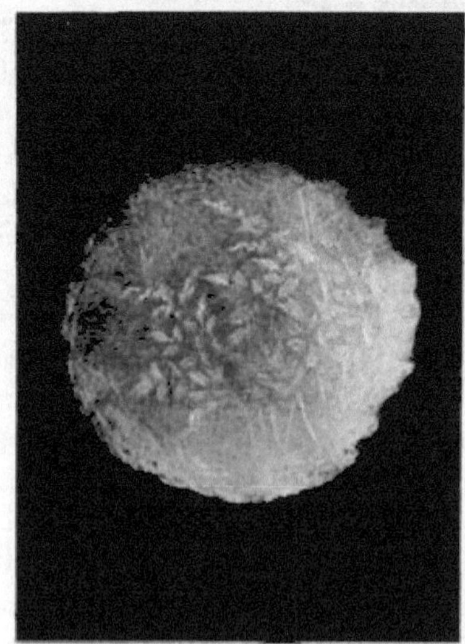

TAFEL IV.

Im Mai 1886 machten die Professoren Ayrton und Perry, nachdem sie entdeckt hatten, dass die Verschmelzung der Oberfläche eines dicken Messingstabs mit Quecksilber eine starke Ausdehnung der verschmolzenen Oberfläche erzeugt und den Stab konvex biegt, den weiteren Vorschlag, dass dies von den Japanern eingesetzt werde Spiegelpolierer aus Quecksilber-Amalgam könnten die Funktion des *Megebo unterstützen* , indem sie die Krümmungsunterschiede zwischen den dünneren und dickeren Teilen erzeugen.

Der Autor, der von Zeit zu Zeit eine Reihe japanischer Spiegel von Händlern orientalischer Kuriositäten abgeholt und alle oben aufgezählten Untersuchungen wiederholt und einige andere hinzugefügt hat, ist in der Lage, die fraglichen Phänomene sehr vollständig zu demonstrieren.

Tafel I. zeigt einen Spiegel im Besitz des Autors mit einem Durchmesser von etwa 7 Zoll, dessen Rückseite im Hochrelief ein Wappen in Form eines Vogels (*hoho*) trägt. Der Guss wurde offensichtlich bearbeitet, um ihm eine größere Schärfe zu verleihen, und der hochreliefierte Teil wurde geschliffen und poliert. Das Muster, das dieser Spiegel von seiner Oberfläche wirft, ist neben dem Spiegel abgebildet, beide sind fotografisch reproduziert. Dieser Spiegel zeigt das Muster mit Sonnenlicht, mit dem Licht des Lichtbogens oder mit Limettenlicht. Es kann auch mehreren Personen gleichzeitig durch die Flamme einer Petroleumlampe in einer Entfernung von zwanzig Fuß oder sogar durch das Licht einer gewöhnlichen Kerze in einer Entfernung von ein paar Fuß gezeigt werden. Bei diesen schwächeren Lichtquellen muss der Spiegel nahe an den weißen Bildschirm oder die weiße Karte gehalten werden, auf der das Bild empfangen werden soll.

Platte II. ist einem Spiegel entnommen, auf dem sich in poliertem Hochrelief ein Wappen befindet, das aus dem kaiserlichen *Kiri* in einem Reif besteht, sowie eine Landschaft aus Störchen und Bambus im unteren Relief. In diesem Fall erzeugt nur das Ornament im Hochrelief irgendeinen Effekt: und es ist interessant zu bemerken, dass, während der Reif auf der Rückseite ein einfaches flaches Band ist, der Reif im Bild (der infolge einer allgemeinen Verzerrung des Bildes verzerrt ist). Spiegelfläche als Ganzes) weist Doppellinien auf. Der Autor ist geneigt zu glauben, dass das Ornament auf der Rückseite in diesem Fall anschließend einer Politur auf der Vorderseite unterzogen worden sein muss.

Tafel III. stellt einen sehr dünnen Spiegel dar, etwa 9¼ Zoll im Durchmesser und an seinen dünnsten Stellen nicht dicker als 0,04 Zoll. Die zentrale Figur im Hochrelief ist von den sieben kostbaren Objekten im Tiefrelief umgeben. Die meisten davon sind mehr oder weniger deutlich im leuchtenden Muster von vorne zu erkennen.

Tafel IV. ist ein eher kleinerer Spiegel mit einem Durchmesser von 6⅞ Zoll, der nur ein Flachrelieforament aufweist; Dennoch ist davon fast jedes Detail im Bild sichtbar, das durch elektrisches Licht oder Sonnenlicht erzeugt wird.

Tafel V. zeigt einen Spiegel mit zwei chinesischen Schriftzeichen im Hochrelief, poliert, mit einem Hintergrund aus Symbolen der Langlebigkeit – einer Kiefer, zwei Störchen und einer Schildkröte mit haarigem Schwanz. Aber obwohl diese fast so hochreliefiert sind wie die polierten Buchstaben, sind auf dem Bild nur die ersteren zu erkennen. Auch hier geht der Autor davon aus, dass die beiden Buchstaben nachträglich bis auf das Gesicht poliert wurden ; Das Muster dieser Teile wurde auf diese Weise bis zu einem geringen Grad in die reflektierende Oberfläche hineingedrückt.

Tafel VI. zeigt einen rechteckigen Spiegel, 15 Zoll hoch, 10½ Zoll breit und 5½ Pfund schwer. Es ist das einzige Exemplar dieser Art, das er je gesehen oder gehört hat; Allerdings sind kleinere quadratische Spiegel mit einer Seitenlänge von 3 bis 4 Zoll nicht selten. Einer der letzteren, ein alter Spiegel, der auf der Rückseite mit chinesischen Schriftzeichen bedeckt ist, besitzt keinerlei magische Eigenschaften. Der große rechteckige Spiegel ist leicht konvex, allerdings mehr in seiner Längsrichtung als in seiner Breite. Die Bambusbäume im Muster sind zwar nicht sehr hoch erhaben, weisen aber ein sehr scharfes Relief auf, wobei es sich bei dem Spiegel offenbar um einen *Ichi handelt Mai Buki* oder Künstlerabzug. Auf der Rückseite befinden sich zwei erhabene Beulen, offenbar Überreste der Teile, an denen das Metall in die Form gegossen wurde ; und merkwürdigerweise geben weder diese noch die Ränder der Felsen im Vordergrund ein Bild ab, obwohl sie höher erhaben sind als irgendein Teil des Bambus.

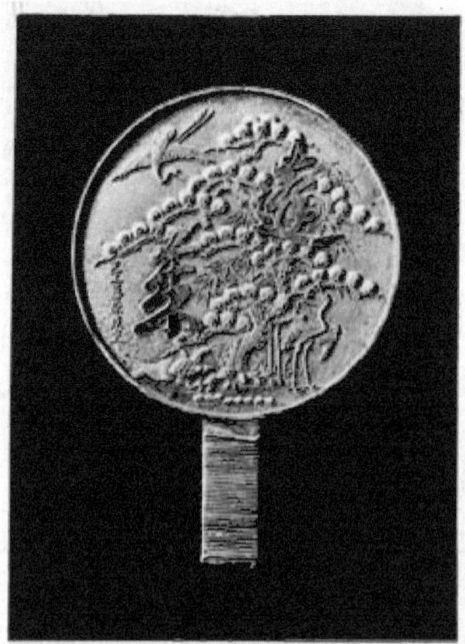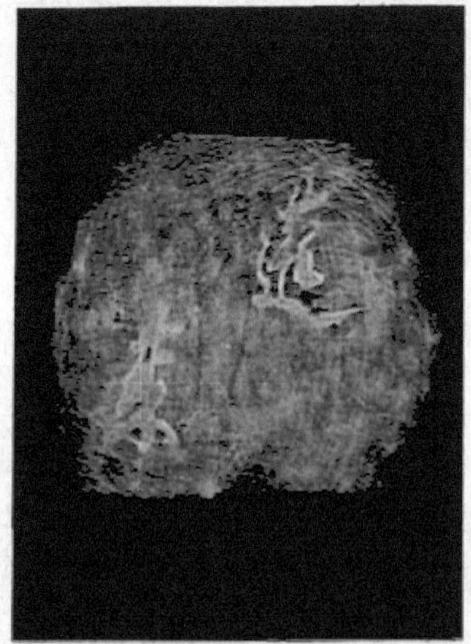

PLATTE V.

Um den Beweis zu vervollständigen, dass die Effekte auf Krümmungsunterschiede zurückzuführen sind, hat der Autor die folgenden Beobachtungen gemacht.

Wenn man einen magischen Spiegel sehr schräg zum Licht hält, kann man Spuren des Musters im Gesicht erkennen, insbesondere wenn man es gewohnt ist, optische Oberflächen auf kleine Krümmungsungleichheiten zu untersuchen. Betrachtet man beispielsweise (bei schräger Reflexion) in einem solchen Spiegel das Bild eines horizontalen Fensterbalkens oder der Dachlinie eines Hauses, sieht man die gerade Linie, die leicht nach unten gebogen ist, aus der Ebene heraus, von der aus das Bild gemacht wurde ein leicht konkaver (oder weniger konvexer) Teil der Oberfläche. Ausgehend von diesem Hinweis stellte der Autor fest, dass, wenn man als Gegenstand, der in einem Spiegel betrachtet werden soll, ein Muster aus schmalen parallelen geraden Linien wählt, wie zum Beispiel eine fein gestreifte Jalousie, das Muster auf der Rückseite des Spiegels undeutlich im Spiegel zu sehen ist Gesicht, das der Art der Liniengravur ähnelt, die manchmal für Medaillonporträts verwendet wird, bei der das gesamte Bild von einer Seite zur anderen von Linien durchzogen ist, wobei die Linien zueinander gebogen oder verbreitert sind, um Licht- und Schatteneffekte zu erzielen. Eine andere

Variante des gleichen Experiments besteht darin, ein liniertes Beugungsgitter mit 100 Linien pro Zoll (liniert auf einer versilberten Oberfläche auf Glas) in die Nähe eines hellen Lichts zu bringen und die Linien mit einer Linse mit kurzer Brennweite auf einen Schirm zu projizieren. Setzen Sie dann den magischen Spiegel ein, um die leuchtenden Linien auf einen anderen Bildschirm zu werfen, wo sie mit dem üblichen magischen Bild gesehen werden; Die hellen Linien konzentrieren sich auf die hellen Teile und vermeiden die dunkleren Teile des leuchtenden Musters.

Durch die Verwendung des Sphärometers zur Messung der Oberflächenkrümmungen der Spiegelflächen lässt sich leicht zeigen, dass die Oberfläche der magischen Spiegel an den Stellen, an denen die Spiegelsubstanz dick ist, tatsächlich weniger konvex oder sogar leicht konkav ist. im Vergleich zu den Teilen, wo der Spiegel dünn ist. Zum Beispiel beträgt die Krümmung des rechteckigen Spiegels, Tafel VI., gemessen von links nach rechts über der konvexen Oberfläche, im Durchschnitt etwa 0,2 Dioptrien (oder sein Krümmungsradius beträgt etwa 5 Meter), aber wann Gemessen an Punkten über den vertikalen Bambusstämmen fällt seine Krümmung auf weniger als 0,05 Dioptrien ab und ist an einigen Stellen völlig flach oder sogar leicht konkav.

Hersteller von Spiegeln und Linsen für große Teleskope sind es gewohnt, die Perfektion ihrer Figur durch ein Verfahren namens Foucault zu testen, bei dem der Beobachter Licht von einem einzigen genau definierten Punkt auf den (konkaven) Spiegel in nahezu normaler Höhe fallen lässt Beim Einfall richtet er sein Auge auf den Punkt, an dem die reflektierten Strahlen zu einem Brennpunkt zusammenlaufen, und sieht dann die gesamte Oberfläche des Spiegels gleichmäßig hell, mit Ausnahme der Stellen, die sich in der Krümmung vom Rest unterscheiden. Bei konvexen Spiegeln ist die Zwischenschaltung einer großen konvexen Hilfslinse erforderlich, um den ansonsten divergenten Strahl wieder zu bündeln. Bei Anwendung dieser Untersuchungsmethode stellt der Autor fest, dass es in vielen Fällen recht einfach ist, auf der Vorderseite das Muster zu erkennen, das der Spiegel auf seiner Rückseite trägt.

Schließlich hat der Autor einen absolut direkten Beweis für die Ungleichheiten der Krümmung der Vorderfläche erbracht. Er nahm den auf Tafel I abgebildeten Spiegel, nahm eine Abformung seiner Vorderseite aus einer Guttapercha-Zusammensetzung und trug im Elektrotypisierungsverfahren eine feste Kupferschicht in die Form auf. Der so hergestellte Typus wurde versilbert und poliert, wobei sich herausstellte, dass er auf seiner Vorderseite das Bild des Vogels widerspiegelte, das sich auf der Rückseite des Originalspiegels befand; Das Bild war jedoch weniger regelmäßig als das vom eigenen Gesicht des Spiegels. Hier war also ein Zauberspiegel ohne Muster auf der Rückseite.

Bei der Wiederholung der Erhitzungsexperimente stellte der Autor fest, dass ein sehr einzigartiger Effekt dadurch erzeugt wurde, dass man (mit einer Flamme) die Rückseite eines dünnen Stücks Spiegelglas erwärmte, während es von seiner Vorderseite ein Gitter aus leuchtenden Linien reflektierte, die von einer Lampe darauf geworfen wurden wie oben beschrieben. Als die Flamme schnell über den Rücken strich, schien sich das ganze Muster zu heben, als ob eine Welle darüber hinweggeflogen wäre.

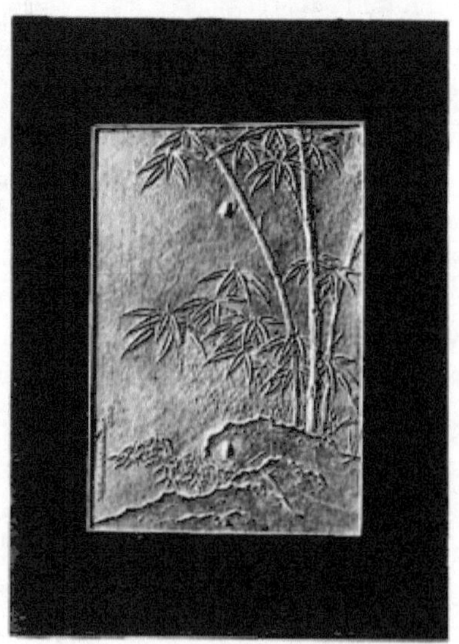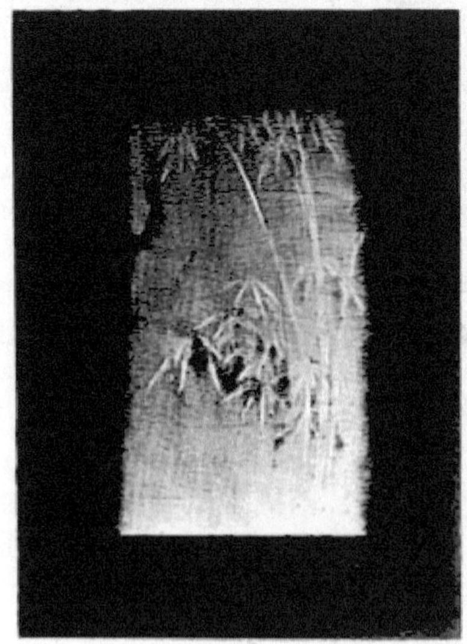

TAFEL VI.

Mit dem folgenden Gerät gelang es ihm auch, Schrift in leuchtenden Linien auf einem Bildschirm oder einer Wand wiederzugeben. Ein Stück dünnes Bleiblech (Teekistenblei) wurde auf ein Löschpapierbett gelegt; und darauf wurde mit einem gewöhnlichen Bleistift jedes gewünschte Wort geschrieben, das daher leicht in die Mine eingedrückt wurde. Die Platte wurde dann leicht gegen ein gewöhnliches Stück Spiegelglas gedrückt und von hinten erhitzt, indem eine Scheibe aus heißem Metall dagegen gedrückt wurde. Die geschriebenen Buchstaben, die die Rückseite des Spiegels berührten, erwärmten ihn und ließen ihn an diesen Stellen krümmen. Daher warf es, in einen geeigneten divergierenden Lichtstrahl gestellt, die Handschrift an die Wand.

In Anlehnung an den Hinweis, den Bertin in seiner Forschung über den Effekt der Biegung von Spiegeln durch Luftdruck an der Rückseite gegeben hat, kommt der Autor zu dem Schluss, dass ein ähnlicher Effekt durch einfachen mechanischen Druck sogar noch stärker hervorgerufen wird. Er nahm einen Spiegel, der zwar eine ausgezeichnete reflektierende Oberfläche und ein gut erhabenes Muster auf der Rückseite hatte, aber keine magischen

Eigenschaften aufwies, und nachdem er ihn in einen Holzrahmen eingespannt hatte, übte er auf der Rückseite Schraubendruck aus, um gegen die Rückseite eine leicht konvexe Form zu drücken Stück weiches Holz, das mit einer Stoffunterlage bedeckt ist. Beim Drehen der Schraube wurde der Spiegel sofort magisch und es stellte sich heraus, dass er auch nach dem Lösen der Schraube einen Teil seiner magischen Eigenschaften beibehielt. Durch den Schraubendruck wurde es erneut verformt und während des heftigen Biegens erhitzt, um es etwas auszuhärten. Es stellte sich heraus, dass er nach Entfernen des Drucks alle Eigenschaften eines guten Zauberspiegels dauerhaft beibehält , obwohl er etwas konvexer ist als normale Spiegel. Seitdem hat man herausgefunden, dass viele Spiegel, die beim Kauf keine magischen Eigenschaften zeigten, in magische Spiegel umgewandelt werden können, einige durch Anwendung von Schraubendruck, einige durch bloßes Beugen mit der Hand über das Knie, andere durch Polieren des Musters unter Druck hinten.

Ingenieure sind so vertraut mit der Tatsache, dass bei der schnellen Abkühlung von Metallgussstücken die inneren Teile unter Spannung stehen, dass sie nicht erstaunt sind, wenn sie feststellen, dass sich die Form eines Gussstücks, nachdem es auf einer Seite genau bearbeitet wurde, schon allein dadurch geringfügig verändern kann Freisetzung innerer Spannungen im langsamen Glühen der Zeit. Es ist durchaus möglich, dass dies auch bei japanischen Spiegeln der Fall ist und dass einige von ihnen im Laufe der Zeit magische Eigenschaften erlangen, die sie nach dem Polieren zunächst nicht zeigen.

Es scheint eine andere Art von Zauberspiegeln zu geben, von denen nur wenige Beispiele bekannt sind und die die Eigenschaft haben, auf dem Gesicht ein völlig anderes Muster zu zeigen als auf der Rückseite. Drei davon werden von Ayrton erwähnt, obwohl es nicht den Anschein hat, dass er selbst eines davon persönlich inspiziert hat. Einer davon, von dem er angibt, dass er in Kamakura, der alten Hauptstadt der ehemaligen Shogune, existiert, ist ein religiöser Spiegel, der etwa vier Zoll und ein Fünftel hoch und dreieinhalb breit ist und in großer Verehrung gehalten wird. Auf der polierten Oberfläche erkennt man bei sehr schräger Betrachtung das Bild eines buddhistischen Priesters. Das Muster auf der Rückseite ist ein Rosenkranz im Hochrelief mit einem Pflaumenblütenzweig und einer aus dem Meer aufsteigenden Mondsichel als Hintergrund. Es wird gesagt, dass dieser optische Effekt durch chemisches Ätzen der Oberfläche mit einer Säurepaste und anschließendes Nachpolieren erzeugt wird. Professor Ayrton, der zwei Spiegel auf diese Weise von einem japanischen Spiegelmacher herstellen ließ, stellte fest, dass, wenn die Oberfläche eines so geätzten Spiegels neu poliert wurde, bis jede Spur der Markierungen im direkten oder indirekten Blick verschwand, diese dann auch vollständig verschwanden das vom Spiegel geworfene Bild, indem er einen Lichtstrahl auf einen Bildschirm reflektiert. Er bezweifelte stark, ob chemische Mittel einen Spiegel mit echten magischen Eigenschaften herstellen könnten. Die Ursache des Phänomens des Kamakura-Spiegels und seiner Verwandten muss daher – sofern sich die Tatsachen als überliefert erweisen – noch geklärt werden.

Obwohl die Wissenschaft im Fall der gewöhnlichen japanischen Spiegel vollständig erklärt, was ansonsten ein äußerst mysteriöses und unerklärliches Phänomen zu sein scheint, beinhaltet die Erklärung selbst eine sehr bemerkenswerte Tatsache, nämlich, dass es so sehr feine und winzige Krümmungsunterschiede in den Spiegeln geben kann Die Oberfläche ist so poliert, dass sie für gewöhnliche Zwecke praktisch unsichtbar und sogar wissenschaftlich schwer zu erkennen ist, und dennoch sollten diese winzigen Unterschiede in der Krümmung den Mustern auf der Rückseite so genau entsprechen, dass sie diese Muster in den reflektierten Lichtstrahlen reproduzieren. Die Tatsachen scheinen *von vornherein* so unwahrscheinlich , dass sie wahr sind, dass man ihnen erst nach gründlichsten wissenschaftlichen Beweisen volle Glaubwürdigkeit schenken kann. Aber ist dies nicht letztlich nur ein weiteres Beispiel für die Binsenweisheit, dass die Wissenschaft, wenn sie ein Geheimnis aufklärt, dies dadurch tut, dass sie eine Wahrheit feststellt, die selbst noch mysteriöser ist?

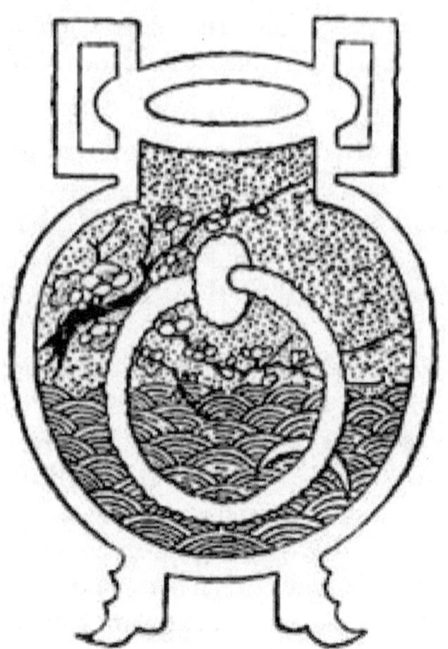

Der Spiegel von Kamakura.

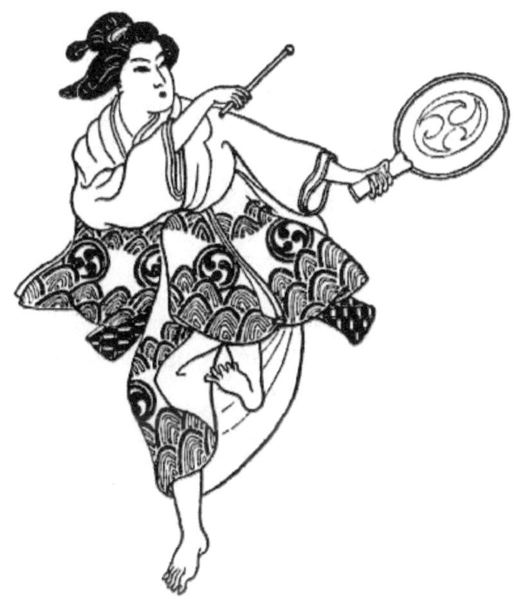

JAPANISCHE FRAU TANZT, MIT SPIEGEL.
Aus einer Bronzeplatte (*modern*).

ANHANG I.

BIBLIOGRAPHIE DES MAGICMIRROR.

TEIL I. ECHTE ZAUBERSPIEGEL.

BREWSTER, SIR DAVID. Bericht über einen neugierigen chinesischen Spiegel usw. *Philosophical Magazine* , vol. ich ., p. 438, 1832. Siehe auch *Poggendorffs Annalen* , xxvii., S. 485–489, 1833. [Übersetzung des Vorstehenden] und *Journal Franklin Institution* , Bd. xv., S. 128, 1832.

PRINZ , JAMES. Auf dem Zauberspiegel Japans. *Journal of the Asiatic Society of Bengal* , vol. ich ., p. 242, 1832 (1 Tafel).

ARAGO , F. [Beim Treffen der *Académie des Sciences (Paris) wurde ein von M.* Arosa aus China mitgebrachter Spiegel gezeigt]. *Comptes Rendus* , xix., p. 234, 1844. [Bertin , siehe 31 unten, sagt, dass dieser Spiegel von Admiral Mouchez aus Nankin mitgebracht wurde ; nicht von M. Arosa .]

JULIEN, STANISLAUS. Hinweis auf den Spiegeln Die Magie des Chinois und seine Herstellung. *Comptes Rendus* , xxiv., S. 999, 7. Juni 1847. [Dies ist eine Übersetzung eines chinesischen Schriftstellers, Ou-tseu-hing (1260-1340), der zu diesem Thema in einer chinesischen Enzyklopädie schrieb . Zeigte auch einen Spiegel von La Grange.]

SÉGUIER . [Eine Anmerkung im Anschluss an das Vorstehende.] *Comptes Rendus* , xxiv., S. 1001, 7. Juni 1847.

PERSON. Observations faites sur un des miroirs chinois dits Spiegel Magie . *Comptes Rendus* , xxiv., S. 1110, 21. Juni 1847.

MAILLARD. Beachten Sie die Herstellung des Spiegels Magische Chinois. *Comptes Rendus* , xxxix., S. 178-180, 1853. [Siehe auch *Journal Franklin Institution* , lvi., 281, 409, 1853.]

GOVI , G. Gli specchi Magie dei Cinesi . *Notizia Geschichte della R. Accademia delle Scienze di Torino* , 1864–65, S. 67–74.

GOVI , G. Chinese Magic Mirrors [eine Übersetzung der italienischen Memoiren vom 20. November 1864]. *The Scientific Review and Journal* (London), vol. i ., 1. April 1865, p. 19.

GOVI , G. Nuove erleben sugli specchi Magie dei Cinesi . *Torino Atti Accad. Wissenschaft.* , ii., 1866-67, S. 357-362 (1 Tafel). Siehe auch *Torino Lavori Sci. Fis . Matte.* , 1869, S. 67-75.

BREWSTER, SIR D. Beobachtung zum vorhergehenden Artikel [über chinesische Zauberspiegel]. *The Scientific Review and Journal* , vol. i ., 1. April 1865, p. 20.

PARNELL, J. Chinese Mirrors, *The Reader* , Bd. vii., S. 233, 3. März 1866.

PFEFFER, JH Cyclopædic Science Simplified (London, 1869, F. Warne und Co.). Eine Passage über Magic Mirrors auf S. 35-39, mit 5 Abbildungen [einige von Prinsep kopiert].

JULIEN, STANISLAS und CHAMPION, PAUL . Les Industries anciennes et modernes de l'empire Chinois (Paris, 1869) mit einem kurzen Artikel über Les miroirs magiques des Chinois, et leur fabrication. (Zitat aus den Memoiren von M. Julien von 1847, *oben* .)

SATOW , ERNEST. Die Shiñ -Tau-Tempel von Isé . *Transaktionen der Asiatischen Gesellschaft Japans* , Bd. i ., 1874. Nachdruck 1882, S. 101. Gibt, p. 114-119, ein Bericht über den Mythos der Sonnengöttin und die Herstellung des ersten Spiegels. Spricht auch von der Verwendung von Spiegeln in der Shiñ -tau-Religion.

GEERTS , DR. Nützliche Metalle und Metallurgie der Japaner. *Transaktionen der Asiatischen Gesellschaft Japans* , Bd. iv., 1875-76, S. 39. [Ein Artikel über die japanische Verwendung von Merkur. Anhang, S. 39-41, über Spiegel.]

ATKINSON, RW (Professor der Tokio Dai Gaku oder Kaiserlichen Universität). Letter in *Nature* , 24. Mai 1877, Bd. xvi., S. 62.

HIGHLEY , SAMUEL. Brief in *Nature* , 14. Juni 1877, Bd. xvi., S. 132.

DARBISHIRE , RD Letter in *Nature* , 21. Juni 1877, Bd. xvi., S. 142.

THOMPSON, SILVANUS P. Letter in *Nature* , 28. Juni 1877, Bd. xvi., S. 163.

PARNELL, J. Letter in *Nature* , 19. Juli 1877, Bd. xvi., S. 227.

MASSE, E. Spiegel Japanisch . *Journal de Physique* , t. vi., S. 320, 1877.

STERNE, CARUS . Artikel über japanische Spiegel in *Gartenlaube* , Jahrg . xxv., 1877, Nr. 29, S. 487 (1 Schnitt).

AYRTON, WILLIAM E. und PERRY, JOHN (Professoren am Imperial College of Engineering, Tokio). Der magische Spiegel Japans, Teil I. *Proceedings of the Royal Society of London* , Nr. 191, 1878, p. 127-148.

AYRTON, WILLIAM E. Der Spiegel Japans und seine magische Qualität. *Journal of the Royal Institution* , Bd. ix., S. 25, 1879, Vortrag vom 24. Januar 1879. [Siehe auch *Nature* , Bd. xix., S. 539-542, 10. April 1879, und *Chambers's Journal* , Bd. lvi., p. 591, 1879.]

AYRTON, WILLIAM E. und PERRY, JOHN . Auf den Spiegeln Die Magie Japans . [Übersetzung ihrer Arbeit von 1878, mit hinzugefügten Kürzungen.] *Annales de Chimie et de Physique* , 5 e Série, xx. P. 110, 1880.

AYRTON, WILLIAM E. *La Nature* , 1880, 1. Mai, S. 514. (Bericht über die Vorlesung in Paris.)

GOVI , G. Les miroirs magiques des Chinois. *Annales de Chimie et de Physique* , 5 e Série, xx., p. 99, 1880.

GOVI , G. Neue Erfahrungen auf den Spiegeln Magie . *Annales de Chimie et de Physique* , 5 e Série, xx., p. 106, 1880.

BERTIN , A. und DUBOSCQ , J. Production artificielle des miroirs Magie . *Annales de Chimie et de Physique* , 5 e Série, t. xx., S. 143, 1880.

BERTIN , A. Anmerkung zu den Spiegeln Magie . *Journal de Physique* , Band ix., S. 401-407, 1880.

LAURENT, L. Miroirs Magie de verre Argenté . *Journal de Physique* , Band X., S. 474-479, 1881; Auch *Comptes Rendus* , xcii., 21. Februar , 21. März und 4. April 1881, S. 412-413.

BERTIN , A. Les miroirs Magie . *Revue Scientifique* , Bd. l., 1881, S. 258-263. (Vortrag vor der Association Scientifique de France).

BERTIN , A. Etude sur les miroirs Magie . *Annales de Chimie et de Physique* , 5 ᵉ Série, t. xxii., S. 472-513, 1881 (mit 1 Planche).

MENDENHALL, TC *Proz. Amerikanischer Assoc. for Advancement of Science* (Cincinnati, 1881), Bd. xxx., S. 57.

PERSON. *Gakugeishirm* , Nr. 39, zitiert von Muraoka; siehe *unten* .

GEHE ZU , MAKITA. *Tokio-Gakugeisassi* , Nr. 22, S. 35, zitiert von Muraoka; siehe *unten* .

MURAOKA, HANICHI . Herstellung der japanischen magischen Spiegel usw. *Wied . Annalen* , xxii., p. 246-252, 1884. (Aus dem *Tokio-Gakugeisassi* .) [Siehe auch *Mittheil . der Deutschen Gesellschaft Ostasiens* , Heft 31, 1884].

MURAOKA, HANICHI . Über den japanischen magischen Spiegel. *Wied . Annalen* , xxv., 138, 1885.

ANDERSON, WILLIAM , FRCS Beschreibung und historischer Katalog einer Sammlung japanischer und chinesischer Gemälde im British Museum (London, 1886). (Auf S. 398, § 1905, findet sich eine Beschreibung eines Bildes, das den Mythos der Sonnengöttin darstellt.)

AYRTON, WILLIAM E. und PERRY, JOHN . Über die Erweiterung durch Amalgamation. *Proz. Physical Society of London* , vol. viii., S. 88-9, 1886.

TEIL II. ANGEBLICHE HINWEISE AUF ZAUBERSPIEGEL.

(*i* .) DER SPIEGEL DES PYTHAGORAS. Die fragliche Passage befindet sich in der *Physica Curiosa* von Gaspard Schottus (4. Auflage, Herbipolis , 1667), S. 538, bezieht sich auf sein eigenes Buch über Magie und lautet wie folgt:

> „Ebenda erwähnt fecimus Spekuli Pythagorae , in quo sanguine dicitur scripsisse quae Volebat significare usw _ Anzeige Lunam Vorderseite commonstrasse res exaratas Stanti a tergo in Disco Lunae .“

Der Verweis bezieht sich auf eine andere Passage auf Seite 553 von Schottus ' *Magia Divinatoria* (Herbip ., 1657-59, Abs. iv.), im Kapitel De Catoptromantia :

> „ Huc Referent aliqui speculum Pythagorae Cujus meminit Agrippa in *Retractat . de Magia* , Kap. *de Prestigiis* , qui

sanguine perscripsisse dicitur , quae collibuisset , in speculo et eo Anzeige Lunam Vorderseite : commonstrasse res exaratas Stanti a Tergo in Disco Lunae . Ich bin sicher , es ist nicht natürlich contingit sed ope Daemonis ."

Im selben Werk, Abs. ich ., p. 438-440, ist eine Diskussion des Satzes: „ Utrum in lunari disco aliquid legendum exhiberi. " potest arte katoptrographica ." Er sagt, dass Baptista Porta dies in seinem Werk Natural Magic (Kap. xvii., lib. 17) behauptet hat. Er zitiert auch aus der *Philosophia Occulta* von Cornelius Agrippa (Lib. I. , Kap. 6) wie folgt:

> „Si litteras parabolisch Spekulo inscripseris Idiot tempori Plenilunii Lunae exposueris eae litterae Ceu in Vasto Quodam Spekulo Impressionen reflexartig ubilibet locorum legi Poterunt . Ita Pythagoram Aiunt , Dum Hydrunti moraretur , litteras Lunae Inschriften Konstantinopoli amicis Legenden dedisse .

Es gibt auch eine Passage in Dr. Thomas Brownes *Pseudodoxia Epidemica* (Vulgäre Irrtümer), S. 60 (Ausgabe von 1650), in Bezug auf diesen Mythos: „Das ist eine sehr seltsame Art der Intelligenz; und würde die Kunst des Pythagoras vergelten ; Wer könnte eine Umkehrung im Mond lesen?

Weitere Hinweise in der okkulten Literatur auf den angeblichen Spiegel von Pythagoras sind wie folgt:

> ATHANASIUS KIRCHER. *Ars Magna Lucis et Umbrae* (Cryptologia , Kap. i .) (Romae , 1646, fol.), S. 908. (Zitate von Cornelius Agrippa und Porta und verurteilt den Bericht als absurd und gegen die natürliche Möglichkeit.)

> BUBALUS. *Commentationem de Angelis* (Lugduni , 1622, fol.), 9-50, Art. 1, quaesito 2, schwierig. 2, § 3, S. 64-66. (Bekämpft Ansichten von Paracelsus.)

> PARACELSUS. *Magia* , lib. 5, de Speculi Constitutione . (Unterscheidet fünf Arten angeblicher Zauberspiegel; keiner von ihnen hat jedoch eine optische Bedeutung.)

> BOISSARDUS . *Tractatus de Divinatione* (Oppenheim, 1616, Folio), S. 297.

(*ii* .) AULUS GELLIUS . Carus Sterne (*Gartenlaube* , 1877) und Ayrton (*Journal Royal Institution* , 1879) beziehen sich auf Aulus Gellius soll von Spiegeln geschrieben haben, die „manchmal ihren Rücken reflektierten und manchmal nicht." Der Verweis scheint falsch zu sein; für alles, was ich in Aulus finden konnte Gellius ist die folgende Passage in den *Noctes Atticæ* , bk.

xvi., Kap. xviii. (was auf dem Zweig der Geometrie liegt, der ὀ π τιϰ ὴ genannt wird):

> Ὀ π τιϰ ὴ fazit multi Demiranda id Gattung; (1) ut in speculo
> uno imaginiert unius rei plures scheinbar ; (2) *item, ut*
> *speculum, in loco certo positum, nihil Imaginet , Aliorsum translatum*
> *, faciat stellt sich vor* ; (3) Punkt, si rectus speculum spectes ,
> imago fiat tua hujusmodi ut caput deorsum _ videatur pedes
> sursum.

Die Passage, die ich kursiv gesetzt habe, scheint eine falsche Bedeutung zu haben. In Beloes Übersetzung, Bd. iii., S. 249 wird diese Klausel wie folgt wiedergegeben: „Ein an einer bestimmten Stelle platziertes Glas zeigt nichts." Drehen Sie es um, und es zeigt viele Dinge." Das ist kaum ausreichend. Genauer gesagt müsste es lauten: „Ein Spiegel, der an einer bestimmten Stelle angebracht ist, zeigt kein Bild, aber wenn er an eine andere Stelle verschoben wird, erzeugt er Bilder." Darin lässt sich überhaupt nichts darauf hindeuten, dass der Spiegel auf seiner Vorderseite das Muster auf seiner Rückseite widerspiegelt.

(*iii* .) MURATORI . Sterne (*op. cit.*) und Ayrton (*op. cit.*) beziehen sich vage auf den italienischen Historiker Muratori als Autorität für Berichte über einen „Zauberspiegel, der unter dem Kissen des Bischofs von Verona gefunden wurde, der später von Martin zum Tode verurteilt wurde." (*sic*) della Scala sowie von dem im Haus von Colla da Rienzi (*sic*) entdeckten, auf dessen Rückseite das Wort „ Fiorone " stand ." Der betreffende Bischof war Bartolomeo dalla Scala, der hingerichtet wurde im Jahr 1338 von Mastino della Scala, erzählt von Muratori (*Annali d'Italia* , Bd. viii., S. 212, der Folio-Ausgabe von 1744-49). Cola di Rienzo (oder Rienzi) wird im selben Band VIII mehrfach erwähnt. In beiden Fällen konnte ich jedoch in dieser Arbeit keine Erwähnung des Spiegels finden. Auch in Lessmanns Leben mit Mastino habe ich noch keines gefunden della Scala (Berlin, 1829); noch bei Du Cerceau *Leben und Zeiten von Rienzi* (Lond . 1836). Muratori war jedoch ein produktiver Schriftsteller. Zu seinen Werken gehörten: *Delle forze dell' Intendimento Umano* ; *Riflessioni sopra il Buon Gusto nelle Wissenschaft und Nacht Arte* ; *La Filosofia Morale* . Es ist möglich, dass sich der Verweis auf eine Passage darin bezieht. Muratori verweist auch auf eine *Vita di Cola di Rienzo* , deren Urheberschaft mir unbekannt ist.

(*iv* .) VON HUMBOLDT. 1830 brachte Von Humboldt einen angeblichen Zauberspiegel aus Berlin nach Paris, um ihn den Mitgliedern der *Académie des Sciences auszustellen* . Es wurde tatsächlich einigen von ihnen in den Gemächern von M. Arago im Observatoire gezeigt . In den veröffentlichten oder privaten Zeitschriften der Académie oder in einer zeitgenössischen Zeitschrift findet sich kein Hinweis auf das Ereignis. Vielleicht liegt es daran, dass sich die Experimente bekanntlich als völliger Fehlschlag erwiesen. Meine Informationen zu diesem Thema stammen von Bertin (*Ann. Chim . Phys.* , xxii., 1881, S. 478).

(*v.*) BABINET . Der Name Babinet wird manchmal zusammen mit dem Namen Arago im Zusammenhang mit diesem Thema genannt; aber ich kann nicht feststellen, dass er etwas getan hat.

(*vi .*) HARTING (PIETER). In ihrer Arbeit von 1878 beziehen sich Ayrton und Perry auf eine kurze Arbeit von Professor Harting im *Album der Natuur* einige Jahre zuvor. Es scheint, dass es sich hierbei um eine kurzlebige Zeitschrift handelte, herausgegeben von Harting und Logeman , die 1872 in Haarlem herausgegeben wurde (AC Kruseman , Herausgeber). Es gibt einen einzigen Teil (Nr. 3 von Bd. I) im British Museum . In England ist kein Exemplar bekannt, das den betreffenden Artikel enthält.

(*vii .*) TENNANT, PROF. JAMES. Es wird angenommen, dass der bekannte Mineraloge Tennant um das Jahr 1869 eine kleine Broschüre von etwa vier Seiten zum Thema japanische Spiegel herausgegeben hat. Es wurde noch keine Kopie gefunden.

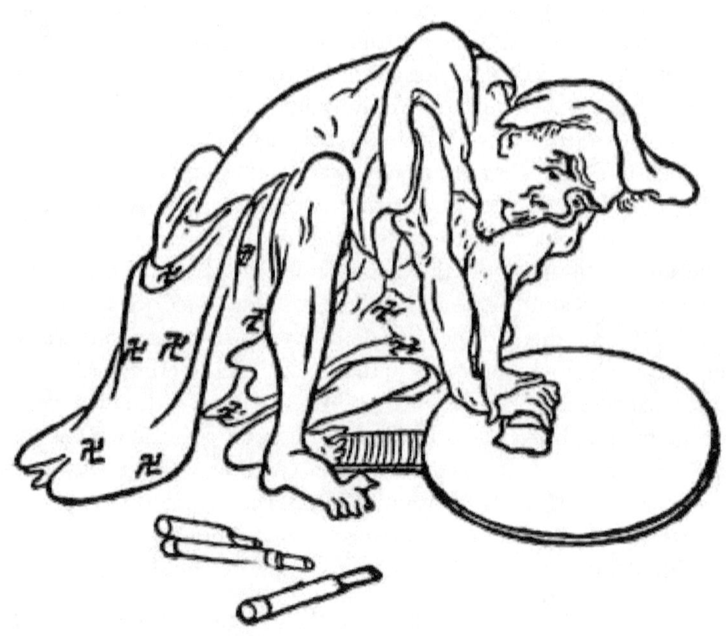

(*Aus einer Zeichnung im British Museum von* Tachibana no Binkō , 1784.)

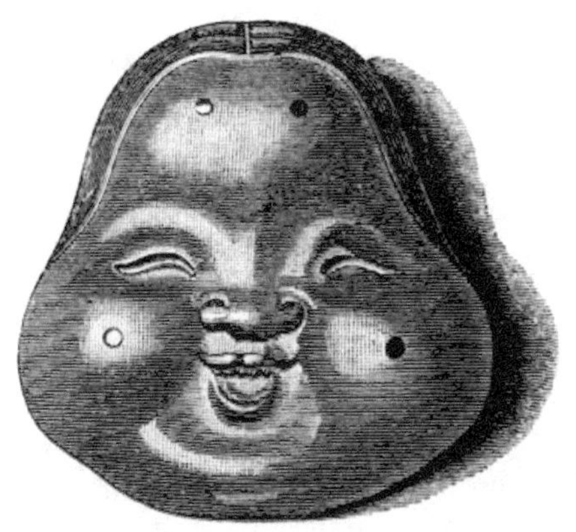

MASKE VON UZUME (O-KAME).
Aus einem Netzuké im Besitz von Charles Holme , Esq. (*Pilger*).

ANHANG II.
DER MYTHOS DER SONNENGÖTTIN UND DIE ERFINDUNG DES SPIEGELS.

(Auszug aus dem Bericht von Herrn E. Satow in Band II der „Transaktionen der Asiatischen Gesellschaft Japans", 1874.)

Von allen Göttern des alten Japan gab es zwei, die der Vater der Götter, Izanagi no mikoto , am meisten liebte. Dies waren Amaterasu oho-mi-kami, die wunderschön leuchtete und Himmel und Erde erleuchtete, und ihr Bruder Susanowo no mikoto , der Herrscher über das blaue Meer. Amaterasu wurde zur Herrscherin des Himmels ernannt, den sie erreichte, indem sie die Säule hinaufkletterte, auf der der Himmel ruhte. Susanowo no mikoto , der jemals ein *Mauvais war Sujet* vernachlässigte sein Königreich so sehr, dass alle Flüsse und Meere austrockneten. Neben anderen bösen Taten beleidigte er seine Schwester Amaterasu, indem er den Körper eines gescheckten Pferdes, das er gehäutet hatte, in den Raum warf, in dem sie webte, und erschreckte sie so sehr, dass sie sich mit ihrem Weberschiffchen verletzte und sich voller Zorn in eine Höhle zurückzog sie schloss mit einer Steintür. Himmel und Erde waren lange Zeit in völlige Dunkelheit getaucht, und während dieser Zeit machten die turbulenteren Götter einen Lärm, der dem Summen von Fliegen ähnelte, und das allgemeine Unheil war groß.

Dann berieten die Götter im Bett eines der ausgetrockneten Flüsse, wie sie den Zorn der großen Göttin besänftigen könnten, und auf Vorschlag von Taka-mi-musu-bi no kami wurde ihr der Plan für den Feldzug anvertraut Ame -no- koya -ne no mikoto , der weiseste der Götter , schlug vor, Amaterasu durch Kunstgriffe dazu zu verleiten, ihr eigenes Bild zu betrachten. Dementsprechend wurden zwei Götter, Amatsu -mara no mikoto , der japanische Vulkanier, und Ishi- kori -dome no mikoto , damit beauftragt, einen Spiegel in der Form der Sonne und aus Metall aus den Minen im Himmel zu erschaffen. Ihr Blasebalg bestand aus der ganzen Haut eines Hirsches. Die ersten beiden Spiegel wurden zu klein gewählt, aber der dritte war groß und schön. Fünf Götter wurden dann angewiesen, aus Rinde und Hanffasern gestreifte und feine Stoffe herzustellen , und zwei weitere Götter errichteten Pfosten und bauten einen Palast in der Nähe der Höhle. Dann befahl Taka-mi- musu -bi no kami einem anderen Gott, Ame -no- kushi - akaru-tama no mikoto , eine Schnur aus *Magatama oder seltsam geschwungenen Amuletten* herzustellen , wie sie damals als Schmuck getragen wurden, während zwei Andere Götter stellten Zauberstäbe aus dem Sakaki-Baum her. Nachdem sich die Götter durch seltsame Weissagungen davon überzeugt hatten, dass ihre Vorbereitungen wahrscheinlich erfolgreich sein würden, begannen sie ihren Feldzug.

Zuerst riss Ame -no- koya -ne no mikoto einen Sakaki-Baum an den Wurzeln hoch und hängte die Zauberkette, den Spiegel und die Stoffstreifen daran auf. Diese Trophäe wurde von Ame -no- futo - damo no mikoto vor der Höhle hochgehalten, während Ame -no- koya -ne no mikoto eine Rede zu Ehren der Göttin hielt. Sie versteckten den Gott Ta- jikara -wo no mikoto , den japanischen Herkules, in der Nähe der Höhlentür . Dann ließen sie mehrere Hähne krähen und organisierten einen Tanz zur Musikbegleitung. Eine lebhafte Göttin, Ame -no Uzume no mikoto (oder O-kame), sie mit der kleinen Stirn und den geschwollenen Wangen, amtierte als Herrin der Zeremonien. Sie blies eine Bambusflöte, während die versammelten Gottheiten den Takt der Musik anstimmten, indem sie zwei Holzstücke aneinander schlugen. Zwei andere Götter spielten auf einer primitiven Harfe mit sechs Saiten, die sie geigenartig mit Gras strichen. Uzume no mikoto richtete ihren Kopfschmuck zurecht, band ihre Ärmel hoch, um sich auf einen Tanz vorzubereiten, und schwang sich um einen mit Gras und Glocken geschmückten Speer herum. Lagerfeuer wurden angezündet und eine große runde Kiste auf die Erde gelegt, auf die Uzume stieg, um ein *Pas Seul* auszuführen Als sie sich den Klängen hingab, befiel sie der Geist der Torheit, der sie besessen und zum Singen inspiriert hatte. Sie sang zu jeder Zeile einen Vierzeiler mit sechs Silben, der im modernen Japanisch zwar nur „Eins, zwei, drei, vier, fünf" usw. lautet, aber im alten Japanisch auch mit der folgenden Bedeutung wiedergegeben werden kann:

Götter, schaut jetzt auf den Deckel;

Die Göttin ist nicht länger verborgen .

Unsere Sehnsüchte befriedigt sie nun:

Seht meinen Busen und meine Schenkel.

Und während sie diese Worte aussprach , schüttelte sie eines nach dem anderen ihre Kleidungsstücke ab, während schließlich die Luft von einem Ausbruch homerischen Gelächters der versammelten Götter erbebte.

Daraufhin öffnete Amaterasu oho-mi-kami leicht die Höhlentür und rief von innen: „Ich bildete mir ein, dass infolge meiner Pensionierung sowohl der Himmel als auch Japan in Dunkelheit lagen." Warum hat Ame -no Uzume getanzt und warum lachen die Götter?" Daraufhin antwortete Uzume : „Ich tanze und sie lachen, weil es hier eine ehrenwerte Gottheit gibt, die deine Herrlichkeit übertrifft" (in Anspielung auf den Spiegel). Als sie diese Worte sagte, schob Ame -no- futo - dama no mikoto , der die Trophäe hielt, ihr den Spiegel entgegen und überraschte sie so sehr, dass sie nach vorne trat, um hinzuschauen. Als sie den Spiegel in den Höhleneingang steckten, schlug er gegen die Tür und erlitt einen Fehler, der bis heute sichtbar ist. Als die Göttin vortrat, öffnete Ame -no tajikara -wo-no kami die Tür und zerrte sie hinaus, während Ame -no- koya -ne no mikoto mit einem Strohseil hinter ihr herging, um ihre Rückkehr zu verhindern.

So wurde der Welt das Licht zurückgegeben; und in späteren Tagen schenkte Amaterasu oho-mi-kami den Spiegel ihrem Adoptivenkel Nini-gi no mikoto , der ihn wiederum an seine Nachkommen weitergab, die ihn nach verschiedenen Schicksalsschlägen im Jahr 4 v. CHR. PLATZIERTEN . im heiligen Schrein am Ufer des Isuzu- Flusses beim Dorf Uji in Isé , wo es bis heute mit religiöser Sorgfalt aufbewahrt wird.

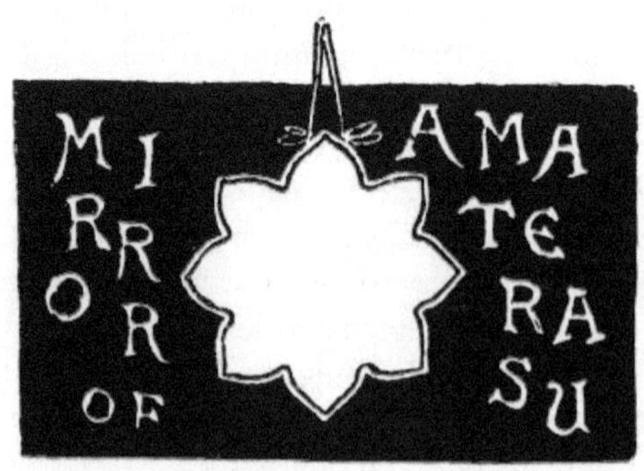

ANHANG III.
Orientalische Schriften auf dem magischen Spiegel.

M. STANISLAS JULIEN, der gelehrte Autor von *Les Industries anciennes et modernes de l'empire chinois* , hat den folgenden Auszug aus dem sechsundfünfzigsten Band der chinesischen Enzyklopädie mit dem Titel *Ke - chi-king- yonen gegeben* .

„ *Théou-kouang-kien* oder *Spiegel, die das Licht durchlassen* (ein Ausdruck, der auf einen vulgären Irrtum zurückzuführen ist). Wenn man die Sonnenstrahlen auf die polierte Oberfläche eines dieser Spiegel trifft, werden die auf der Rückseite erhabenen Zeichen oder Blumen im (reflektierten) Bild der Scheibe originalgetreu wiedergegeben. Chin- kouo (ein Schriftsteller, der in der Mitte des 11. Jahrhunderts seine Blütezeit erlebte) spricht in seinen Memoiren mit dem Titel *Mong -ki-pi- tân* , Buch Xix., fol. mit Bewunderung über sie. 5. Der Dichter Kin-ma feierte sie in Versen; Doch bis zur Zeit der mongolischen Kaiser war kein Autor in der Lage, dieses Phänomen zu erklären. Ou-tseu-hing , der unter dieser Dynastie lebte (zwischen 1260 und 1341), hat das Verdienst, dies als Erster getan zu haben. So äußert er sich zu diesem Thema:

„„Wenn man einen dieser Spiegel der Sonne zugewandt aufstellt und ihn an einer sehr nahen Wand das Bild seiner Scheibe reflektieren lässt, sieht man darin deutlich die Ornamente oder Zeichen erscheinen, die als Relief auf der Rückseite vorhanden sind. Nun liegt die Ursache dieses Phänomens in der unterschiedlichen Verwendung von Feinkupfer und Rohkupfer. Wenn man auf der Rückseite des Spiegels durch Gießen in eine Form einen im Kreis angeordneten Drachen erzeugt hat, graviert man tief in die Vorderseite der Scheibe einen genau ähnlichen Drachen ein. Als nächstes füllt man die tief gemeißelten Schnitte mit etwas unedlerem Kupfer; dann verbindet man dieses Metall mit dem ersten, das von feinerer Qualität sein sollte, indem man den Spiegel der Einwirkung von Feuer aussetzt; Danach glättet und glättet man die Oberfläche des Spiegels und verteilt darüber eine dünne Schicht Blei (Zinn?).

„„Wenn man die polierte Scheibe eines so vorbereiteten Spiegels der Sonne zuwendet und ihr Bild an einer Wand reflektiert, zeigt sie deutlich helle Farbtöne und dunkle Farbtöne, die von den reinsten Teilen des Kupfers stammen, die anderen von den unedleren.“ Teile.'

„ Ou-tseu-hing , dem wir die vorangehende Erklärung verdanken, erzählt uns, dass er gesehen hat, wie ein Spiegel dieser Art in Fragmente zerbrochen wurde, und dass er selbst die Richtigkeit seiner Beschreibung erkannt hat.“

Ayrton zitiert aus einem japanischen Werk, dem *Shim-pen- kamakura - shi* oder der Neuen Sammlung von Schriften über Kamakura, einer Beschreibung eines Tempelspiegels, der bei schräger Betrachtung das Gesicht eines buddhistischen Priesters zeigt und nicht im Geringsten ähnelt das erhabene Ornament auf der Rückseite (siehe S. 45, *oben*).

Dieselbe Autorität bezieht sich auf das *Kokon - i -to* oder die Genealogie der alten und neuen Ärzte für einen angeblichen Prozess, bei dem magische Effekte auf Spiegeln erzeugt werden, indem die Oberfläche mit einer besonderen Paste behandelt wird. Das Rezept lautet wie folgt: „Nehmen Sie zehn Teile *Shio* (Gamboge), einen Teil *Funso* und einen Teil *Hosha* (Borax). Pulverisieren Sie sie gründlich und vermischen Sie sie mit etwas verdünntem Kleber bis zur Konsistenz einer Paste. Wenn man mit dieser Paste ein Muster auf die Oberfläche eines Spiegels zeichnet und es dann trocknen lässt, ist das Muster auch nach dem Polieren sichtbar, wenn man es schräg betrachtet."

Es scheint, dass dieser Prozess in Wirklichkeit zu keinem Ergebnis führt. Auch der von Ou-tseu-hing beschriebene Vorgang des Einlegens ist ein Fehler. Der magische Effekt wird auf diese Weise sicherlich nicht erzeugt. Wahrscheinlich wurde er durch den Umstand in die Irre geführt, dass Fehlstellen in den Bronzegüssen manchmal durch das Einsetzen weicher Kupferperlen gefüllt werden.

ANHANG IV.
ANALYSEN JAPANISCHER SPIEGEL.

MM. CHAMPION UND PELLET (*Industries de l'empire Chinois* , S. 64) geben
für chinesische Spiegel folgende Zusammensetzung an:

Kupfer	50·8
Zinn	16·5
Zink	30·5
Führen	2·2
	——
	100·0

Dr. Geerts gibt (*Trans. Asiatic Soc. of Japan* , Bd. IV, S. 40) für die Legierung,
die in einer der größten Spiegelgießereien in Kioto verwendet wird :

Kupfer	80
Zinn	15
Führen	5
	——
	100

Und für Spiegel minderer Qualität:

Kupfer	80
Führen	10
Shirome	10
	——
	100

Shirome ist ein natürliches Sulfid aus Blei und Antimon aus Choshiu oder
Iyo.

Die Professoren Ayrton und Perry (*Proc. Roy. Soc.* , 1878) geben:

Für Spiegel erster Qualität:

Kupfer	75·2
Zinn	22·6
Iyo Shirome	2·2
	——
	100·0

Für Spiegel zweiter Qualität:

Kupfer	81·3
Zinn	16·3
Iyo Shirome	2·4
	——
	100·0

Für Spiegel dritter Qualität:

Kupfer	87·0
Zinn	8·7
Iyo Shirome	4·3
	——
	100·0

Für Spiegel der vierten Qualität:

Kupfer	81·3
Tori Shirome	16·3
Iyo Shirome	2·4
	——
	100·0

Für Spiegel fünfter Qualität:

Kupfer   71·5

Tori Shirome   28·5

———

100·0

———

Das beim Polieren der Spiegel verwendete Quecksilberamalgam besteht laut Dr. Geerts (*op. cit.*) aus Quecksilber, Zinn und etwas Blei. Ayrton gibt es einem aus Zinn und einem aus Quecksilber. Champion und Pellet (*op. cit.*) geben die Komposition wie folgt an:

Zinn   69·36

Quecksilber   30·0

Führen   0·64

———

100·00

———

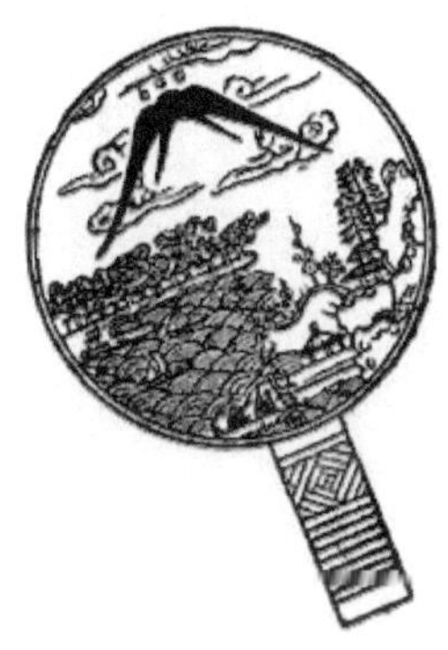

Experimente mit Laurents Apparatur aus und zeigte die Wirkung erhitzter Spiegel.

Experimente mit Laurents Apparatur aus und zeigte die Wirkung erhitzter Spiegel.

www.ingramcontent.com/pod-product-compliance
Lightning Source LLC
LaVergne TN
LVHW091140180726
843490LV00008B/3095